LA

QUESTION SOCIALE

———

COMMENTAIRE

DE LA

LOI DU 27 DÉCEMBRE 1892

———◆———

CHARLEVILLE

Imprimerie du *Petit Ardennais*, cours d'Orléans, 36

—

1893

LA QUESTION SOCIALE

Commentaire de la Loi du 27 Décembre 1892

I

Les conflits contemporains du travail et du capital résultent, pour la plupart, de l'expansion de la grande industrie, qui repose, non seulement sur le progrès des sciences et des arts, mais encore sur la concentration et l'anonymat des capitaux. Dans cette organisation nouvelle du travail, les ouvriers et les chefs industriels ne vivent plus dans la même intimité que par le passé ; ayant moins de rapports personnels, ils se méprennent trop souvent sur la nature de leurs sentiments réciproques. Sous un pareil régime, de simples malentendus se transforment facilement en désaccords profonds et du caractère le plus aigu.

Les observateurs attentifs, les industriels prévoyants n'ont pas tardé à reconnaître que le meilleur moyen d'éviter l'irritation de ces dissidences, primitivement légères, et de les calmer quand elles se sont exaltées, est de provoquer des contacts plus fréquents et des échanges de vues plus approfondis entre des hommes qui ne se combattent, d'ordinaire, que parce qu'ils manquent de moyens de s'apprécier et de rendre justice à leurs intentions respectives.

L'expérience a partout justifié cette manière de voir, sous l'inspiration de laquelle l'initiative privée a créé, en Angleterre, en Belgique et en Amérique, d'admirables institutions de conciliation et d'arbitrage, qui, mettant les patrons et les ouvriers d'une même usine ou d'une même industrie en relations permanentes, leur permettent d'examiner et de trancher paisiblement, dès qu'elles apparaissent, leurs contestations professionnelles, et font vivre, en définitive, les représentants du capital et du travail dans un loyal accord.

Une loi promulguée au *Journal officiel,* le 27 décembre 1892, qui est restée pour ainsi dire ignorée, a eu pour but idéal d'obtenir les mêmes résultats, et, dès maintenant, elle ouvre la route qui permettra de les atteindre. Cet espoir ne paraîtra sans doute pas chimérique si l'on remarque que, loin de vouloir créer artificiellement un courant d'opinion, le texte de cette loi répond directement à des aspirations déjà anciennes, qui s'étaient révélées plus générales et plus pressantes à l'occasion des grèves importantes de ces dernières années.

D'une part, en effet, la tendance à substituer le raisonnement et la discussion paci-

fique à la cessation brusque et comminatoire
du travail, à la grève, s'est déjà maintes fois
manifestée en France ; d'autre part, plusieurs
grèves mémorables se sont heureusement ter-
minées par la conciliation ou par l'arbitrage ;
enfin, près de la moitié des syndicats ouvriers,
constitués conformément à la loi de 1884, se
sont spontanément imposé, par leurs statuts,
l'obligation de ne recourir à la grève qu'après
avoir épuisé tous les moyens de conciliation.

En grand nombre, donc, les patrons et les
ouvriers français sont animés déjà de l'esprit
même qui a inspiré la loi du 27 décembre
1892, et cette seule constatation est du meilleur augure pour son influence future et pro-
chaine.

Examinons donc cette loi ; nous pourrons
peut-être ainsi la faire pénétrer dans les
mœurs et rendre service aux patrons et surtout aux ouvriers, en leur conseillant de recourir à cette loi nouvelle qui leur fournit les
moyens de terminer ces conflits pacifiquement,
promptement et d'un commun accord.

II

La loi du 27 décembre 1892 n'a pas entendu
organiser des conseils permanents de conciliation et d'arbitrage. Elle se borne à prévoir des
crises accidentelles et cherche à porter remède
à un mal déjà déclaré. Ses dispositions ne
deviennent applicables que si un différend

d'ordre collectif portant sur les conditions du travail s'élève entre patrons et ouvriers. Même dans ce cas, si elle offre son secours, elle ne l'impose pas : fidèle à cette pensée que la conciliation doit être volontairement acceptée et ne peut être subie par contrainte, elle n'a voulu donner à aucun des moyens d'apaisement proposés un caractère obligatoire. Ses parties demeurent toujours libres de recourir ou non à la tentative de conciliation, de l'accepter ou de la refuser. Après son échec, elles ont le droit, mais non pas le devoir, de recourir à l'arbitrage, qui est esssentiellement facultatif.

Enfin, l'accord établi dans le comité de conciliation, et même la sentence rendue par les arbitres, ne se recommandent au respect et à l'obéissance des parties que par leur autorité morale : la loi s'est volontairement abstenue de leur imprimer la force exécutoire.

Jusqu'à ce jour, lorsqu'un conflit s'élevait, il n'existait aucun procédé rapide pour le résoudre amiablement. D'autre part, ceux qui était disposés à faire les premières ouvertures étaient contraints de s'adresser eux-mêmes à leurs adversaires. Ils pouvaient craindre que cette démarche ne fût interprêtée comme un signe de faiblesse et ne devint ainsi un encouragement à la résistance. Des hésitations difficiles à surmonter, des susceptibilités parfois légitimes paralysaient trop souvent les intentions les meilleures; il a paru qu'on triompherait des unes et qu'on écarterait les autres en confiant à une tierce personne le soin de provoquer le rapprochement, la discussion et l'entente. Ainsi le choix d'un intermédiaire autorisé, l'organisation d'une procédure *simple et gratuite,* telles ont été les principales préoccupations du législateur.

Il a très justement pensé que le médiateur devait être investi de l'estime et de la considération publiques, étranger aux luttes politiques, désintéressé dans les querelles industrielles, aussi rapproché que possible du théâtre du conflit et, suivant le vœu du conseil supérieur du travail, il a choisi, pour lui confier cette tâche, le juge de paix, auquel sa qualité de magistrat assure une haute autorité morale et dont le titre même proclame les intentions conciliantes.

Quant à la procédure, il y a lieu de distinguer d'abord suivant qu'elle doit se suivre *avant* ou *apres* une déclaration de grève. Dans le premier cas, elle ne peut être mise en mouvement que pour l'une des parties intéressées au contrat de travail, les patrons d'une part, les ouvriers de l'autre. Dans le second, les circonstances étant plus graves, et le droit d'initiative des parties restant d'ailleurs entier, ce droit est étendu au juge de paix qui peut alors, *mais alors seulement,* provoquer le rétablissement de la bonne harmonie rompue par la grève. Dans l'un et l'autre cas, la procédure comporte deux phases successives : la tentative de conciliation d'abord; et ensuite, faute de conciliation, l'arbitrage.

III

Aux termes de l'article 1ᵉʳ de la loi, les patrons, ouvriers et employés entre lesquels s'est produit un différend *d'ordre collectif* portant sur les conditions du travail peuvent soumettre les questions qui les divisent à un comité de conciliation. Les formes dans lesquelles ce comité doit être constitué sont déterminées par les articles 2, 3, 4 et 5 de la loi, qui règle les procédés à employer pour la demande et pour la réponse, pour la désignation des délégués et pour leur réunion en présence du juge de paix. L'article 6 indique comment doit être constaté l'accord entre les parties lorsqu'il intervient.

Le droit de provoquer la réunion du comité n'appartient qu'aux patrons et aux ouvriers; mais les uns et les autres en sont pareillement investis, et la loi établit entre eux, à ce point de vue, l'égalité la plus parfaite. Des deux parties que le contrat de travail a liées et qu'un désaccord sépare, c'est à la plus diligente et à la mieux intentionnée qu'il appartient de faire le premier pas dans la voie d'un rapprochement amiable. Si le désir d'une entente est égale des deux côtés, la demande peut être réciproque : « *Les patrons, ouvriers ou employés* », dit l'article 2, « *adressent soit ensemble ou séparément, au juge de paix, une déclaration écrite.* » La demande peut émaner, d'ailleurs, non seulement des parties en personne, mais aussi de leurs mandataires; dans ce dernier cas, et sans qu'il y ait lieu d'ailleurs d'assujettir la preuve du mandat à aucune forme solennelle, le magistrat doit en vérifier avec soin l'existence et l'étendue.

Le juge de paix compétent pour recevoir cet appel à la conciliation est celui du canton où existe le différend, et s'il s'étend à plusieurs cantons, le juge de paix de chacun d'eux peut être indifféremment saisi de la demande.

La déclaration doit contenir : 1º les noms, qualités et domiciles des demandeurs ou de ceux qui les représentent; 2º l'objet du différend, avec l'exposé sommaire des motifs allégués ; 3º les noms, qualités et domiciles des délégués choisis parmi les intéressés par les demandeurs pour les assister ou les représenter, sans que le nombre des personnes désignées puisse être supérieur à cinq.

Cette dernière prescription seule nécessite des explications. Une longue expérience démontre que la condition la plus nécessaire au succès de toute tentative de conciliation est la comparution personnelle des parties. Dans les hypothèses prévues par la loi du 27 décembre 1892; cette condition ne pouvait évidemment pas être réalisée, à raison du nombre le plus souvent trop considérable des ouvriers en cause.

De là la nécessité d'admettre la représentation par délégués.

Le juge de paix n'a pas pour mission de rechercher comment ces délégués sont choisis. En effet, l'exposé des motifs dit :

« La loi s'est volontairement abstenue de « déterminer le mode de nomination des délé- « gués des parties en cause. Elle s'en rapporte « sur ce point aux intéressés eux-mêmes, « éclairés à cet égard par une expérience déjà « acquise. Elle n'a pas voulu imposer des « formalités électorales qui n'auraient fait « qu'apporter des entraves à la prompte solu- « tion du conflit. » Et le rapporteur, devant la Chambre des députés, ajoutait : « La loi « dispose, sans s'inquiéter de la formation du « corps électoral, que les parties intéressées « dans le débat, ouvriers ou patrons, nomme- « ront leurs délégués à leur fantaisie, comme « ils ont l'habitude de le faire, sans règle de « procédure électorale. »

Néanmoins, si l'on a dû s'incliner devant l'impossibilité de la comparution de toutes les parties en cause, on a entendu proscrire la comparution de personnes qui ne seraient pas directement intéressées dans le conflit. Un amendement qui proposait la faculté d'adjoindre aux délégués professionnels un délégué supplémentaire pris en dehors de la profession, avec voix consultative seulement, a été repoussé sur cette observation du président de la commission de la Chambre des députés :

« Nous craignons que si, dans les débats de
« nature de ceux qui nous occupent, qui sont
« des débats absolument professionnels, on
« adjoint des personnes étrangères à la pro-
« fession, les ouvriers se fassent toujours ac-
« compagner d'un avocat, et ce n'est pas, à
« notre sens, le moyen de concilier les
« choses. »

Il ne suffirait pas, d'ailleurs, que les délégués fussent choisis dans la profession ; il faut
encore qu'ils soient pris parmi les intéressés :
s'il existe, par exemple, dans une ville, deux
usines faisant le même travail et si un différend a pris naissance dans l'une d'elles sans
s'étendre à l'autre, les ouvriers de la première
ne pourront déléguer, pour les représenter au
Comité de conciliation, leurs camarades de la
seconde. Le patron ne pourrait pas davantage
choisir un autre patron pour le représenter
ou pour l'assister ; il ne pourra se faire ac-
compagner que par des personnes appartenant
à l'établissement industriel qu'il dirige.

Enfin, aux termes de l'article 15 de la loi,
les délégués doivent être « citoyens français »
et jouir de leurs droits civils, civiques et politiques.

Le même article permet de désigner les
femmes comme déléguées dans les professions
ou industries qui les emploient. Il a paru
qu'il n'y avait que des avantages, dans les
conflits qui intéressent les femmes, à permet-
tre qu'elles reçoivent le mandat de faire la

conciliation entre elles et le patron, et d'apporter dans le débat leur contingent de lumière et d'expérience pour la solution du différend. Elles aussi doivent être Françaises et n'être privées de leurs droits par aucune condamnation.

Le nombre des personnes désignées pour assister ou représenter les demandeurs en conciliation ne peut pas être supérieur à cinq ; de même.pour la partie adverse. Ce chiffre de cinq ne peut être dépassé.

Le but de la loi a été de prévenir et d'empêcher les discussions, nécessairement confuses, qui ne manqueraient pas de naître si les parties en présence dans le comité étaient trop nombreuses. Le patron peut comparaître en personne ou confier ce mandat à une personne au moins et à cinq au plus, pourvu que ces personnes ne soient point étrangères à son usine.

Le premier devoir du juge de paix, dès qu'il a reçu la déclaration écrite des demandeurs en conciliation, est d'en délivrer récépissé sur papier libre et sans frais, en indiquant la date et l'heure du dépôt.

Puis, il est tenu d'aviser sans aucun retard la partie adverse, en l'invitant à se rapprocher de l'autre, en sa présence, sur un terrain neutre. Dans ce but, il adresse, sans frais, copie exacte de la déclaration dans un délai de vingt-quatre heures. Cette notification est faite par lettre recommandée ou, au besoin,

par affiches apposées aux portes de la justice
de paix du canton et à .celles de la mairie
des communes sur le territoire desquelles
s'est produit le différend. L'un et l'autre procédé doivent le plus souvent être employés
cumulativement : sans doute, si l'initiative de
la réunion du comité de conciliation provient
des ouvriers, il sera facile et il suffira de
transmettre aux patrons la déclaration par
pli recommandé. Mais si l'initiative a été
prise par le patron, le grand nombre des ouvriers fera, dans bien des cas, obstacle aux
notifications individuelles. C'est alors dans ce
cas qu'il conviendra de faire procéder à l'affichage aux endroits ci-dessus indiqués afin que
l'appel à la conciliation soit connu de toute la
collectivité ouvrière.

Les intéressés ont un délai maximum de
trois jours pour faire connaître leur réponse.
Si ce temps expire sans aucune déclaration de
leur part, leur silence est considéré comme
un refus. Ils peuvent cependant obtenir une
prolongation de délai « si l'éloignement ou
l'absence des personnes auxquelles la proposition est notifiée ou la nécessité de consulter
des mandants, des associés ou un conseil d'ad-
ministration, ne permettent pas de donner
une réponse dans les trois jours ; » mais alors
« les représentants des dites personnes doivent, dans ce délai de trois jours, déclarer
quel est le délai nécessaire pour donner cette
réponse. » Le juge de paix transmet cette

déclaration aux demandeurs dans les vingt-quatre heures.

Le refus de la proposition de conciliation met fin à la mission du magistrat; si, au contraire, elle est acceptée, la réponse affirmative qui lui est adressée fait connaître les noms, qualités et domiciles des délégués choisis pour assister ou représenter la partie.

Dès que l'acceptation lui parvient, le juge de paix invite d'urgence les parties ou les délégués à se réunir en comité de conciliation. La loi ne précisant pas la forme dans laquelle ces invitations doivent être adressées, ce magistrat choisit le mode le plus prompt et le plus sûr.

A ce moment, les deux parties se trouveront en présence d'un magistrat impartial qui, par sa position même, affirmera sa neutralité complète et les invitera à commencer les pourparlers.

Le juge de paix ne peut prendre part à la discussion ou même diriger les débats que s'il y est convié par les parties; mais comme il est appelé à dresser procès-verbal de la réunion, il sera invité à prendre la présidence, et son devoir sera d'assurer en toute impartialité la liberté de chacun et la bonne tenue de l'assemblée.

La délibération ne saurait d'ailleurs aboutir qu'à un accord ou à un refus d'accord. Le comité de conciliation ne saurait, à aucun titre, être assimilé ni à un tribunal ni même à une assemblée délibérante où la majorité impose ses décisions à la minorité. C'est pourquoi il n'a pas paru nécessaire d'assurer aux parties une représentation égale en nombre des deux côtés.

Si l'accord s'établit sur les conditions de la conciliation, ces conditions sont consignées dans un procès-verbal dressé par le juge de paix et signé par les parties ou leurs délégués. Dans le cas contraire, le procès-verbal fera sommairement mention que les parties n'ont pu s'accorder.

Ce procès-verbal est dispensé du timbre et enregistré gratis. La minute en est conservée au greffe de la justice de paix et une copie en est délivrée gratuitement à chacune des parties. Une autre expédition est transmise au préfet du département qui l'adresse au ministère du commerce et de l'industrie.

IV

Si le comité de conciliation n'arrive pas à s'entendre, toute espérance d'obtenir un accord ne doit pas être abandonnée, car la loi du 27 décembre 1892 offre un second moyen de mettre un terme au différend : c'est le recours à l'arbitrage en vue duquel elle institue également une procédure rapide et simple.

« Si l'accord ne s'établit pas, dit l'article 7, le juge de paix invite les parties à désigner chacune un ou plusieurs arbitres, soit un

arbitre commun. » L'intervention du magistrat
ne doit pas aller plus loin et il doit s'abstenir
avec grand soin de peser sur le choix des parties ou de l'inspirer. La plus entière liberté
doit leur être laissée, car il faut aux arbitres,
outre une compétence indiscutée, la confiance
absolue de ceux qui leur remettent le juge-
ment de leur désaccord. Toutefois, la loi veut
qu'ils soient citoyens français, comme elle l'a
exigé pour les délégués, et à plus juste titre
encore, puisque les arbitres sont investisd'une
véritable magistrature ; c'est pour cette cause
qu'on ne peut confier aux femmes le rôle d'arbitre, bien qu'elles puissent être déléguées.

L'invitation du juge de paix doit s'adresser
aux intéressés en présence, devant lui. Le législateur a supposé que les parties qui nom-
meront des délégués leur confirmeront un
double mandat : d'abord, celui de siéger au
comité de conciliation ; en second lieu, et en
cas d'échec de cette tentative, la mission de
nommer des arbitres. Si cette supposition n'est
pas conforme à la réalité, si les délégués des
ouvriers ou des patrons ne croient pas tenir
de leurs mandants un pouvoir aussi étendu,
ils seront toujours en droit d'obtenir du juge
de paix un délai utile pour solliciter le mandat qui leur ferait défaut. Il n'est pas besoin
d'ajouter, d'ailleurs, que la nécessité d'accepter l'arbitrage n'est imposée à personne, et que
l'une et l'autre partie conservent toute liberté
pour repousser l'invitation proposée par le

magistrat. Evidemment ceux qui ont consenti à s'engager dans les voies amiables de la conciliation n'hésiteront jamais à poursuivre la même route pour atteindre plus sûrement le but, c'est-à-dire le rétablissement de la bonne harmonie qui doit être l'espérance et le vœu de tous.

L'article 7 reconnaît à l'une et à l'autre partie le droit de désigner un ou plusieurs arbitres. Il a paru trop strict de limiter à un seul nom le choix de chacune d'elles. Elles peuvent donc en nommer deux, trois ou même un plus grand nombre; mais, comme il s'agit de constituer une véritable juridiction, il est indispensable, pour assurer à tous des garanties égales, qu'un même nombre d'arbitres soit pris d'un côté et de l'autre.

Les parties peuvent encore agiter pour la constitution d'un arbitre commun.

Le même article ajoute : « Si les arbitres ne s'entendent pas sur la solution à donner au différend, ils pourront choisir un troisième arbitre pour les départager. » C'est une disposition empruntée à la législation ordinaire pour mieux assurer le succès de l'entreprise de pacification.

Le tiers-arbitre choisi peut avoir son opinion propre, sans être enchaîné par le sentiment d'aucun de ceux qui ont prononcé avant lui. Ses pouvoirs sont identiques aux pouvoirs de ceux nommés d'abord. Il se réunira à eux pour former le tribunal arbitral. Il pourra

proposer un système nouveau ou une trans-
action entre les premiers arbitres.

Il est à peine utile de faire observer qu'on
ne doit prendre pour tiers-arbitre ou arbitre-
départiteur qu'une seule personne.

Enfin, la loi du 27 décembre 1892 a poussé
la prévoyance au point d'envisager le cas où
les arbitres n'arriveraient à s'entendre ni sur
la solution à donner au différend, ni même
sur le choix du nouvel arbitre. Cette dernière
hypothèse sera certainement tout à fait rare ;
mais, même dans un cas aussi exceptionnel,
on n'a pas cru devoir renoncer à l'espoir d'un
dénouement pacifique sans tenter un suprême
effort. Les arbitres déclareront sur le procès-
verbal leur double dissentiment ; ce procès-
verbal sera remis au juge de paix, qui sera
tenu de l'adresser d'urgence au président du
tribunal de l'arrondissement qui nommera,
par ordonnance, le nouvel arbitre.

Quand les membres du comité de conciliation désignent le ou les premiers arbitres, ils
doivent en même temps rédiger par écrit les
sujets de dissentiment qui seront la matière
de l'arbitrage. C'est une précaution essen-
tielle, car la formule très nette des questions
litigieuses est la meilleure préparation d'une
solution éclairée et équitable.

La décision sur le fond doit être également
rédigée par écrit et signée par le ou les arbitres. Elle est dispensée du timbre et enre-
gistrée gratis, puis remise au juge de paix

qui en dépose la minute au greffe, en délivre gratuitement une expédition à chacune des parties et en adresse une autre au ministre du commerce par l'entremise du préfet.

Comme nous le disons plus haut, la sanction de la sentence arbitrale est purement morale ; la décision ne vaut que dans la mesure où ceux qui l'auront rendue auront la confiance des parties intéressées. Il importe donc de choisir pour arbitres des hommes qui, par leurs connaissances techniques, leur désintéressement dans la lutte, leur impartialité connue entre ouvriers et patrons, pourront imposer à tous une indiscutable autorité.

V

Dans un seul cas, le juge de paix a reçu de la loi du 27 décembre 1892, la mission et le pouvoir de substituer son initiative à celle des intéressés, si celle-ci ne s'exerce pas spontanément. Ce cas a, d'ailleurs, une importance capitale, puisqu'il s'agit de celui où une grève vient d'éclater. A ce moment, en effet, les patrons comme les ouvriers, les ouvriers comme les patrons, soit par amour-propre, soit pour tout autre sentiment, hésiteront à prendre l'initiative d'une demande d'arbitrage. Il convient donc que la justice tende la main aux uns et aux autres pour les inviter à un accord que peut-être tous désirent secrètement. En allant au-devant d'eux, le juge de paix leur épargnera l'épreuve pénible de la première démarche.

Voici comme il doit procéder : Il invite d'office et par le moyen ˙indiqué plus haut, c'est à-dire par lettres recommandées, et au besoin par affiches, les patrons et ouvriers à lui faire connaître : 1º l'objet du différend, avec l'exposé succinct des motifs allégués ; 2º leur acceptation ou refus de recourir à la conciliation et à l'arbitrage ; 3º les noms, qualités et domiciles des délégués choisis, le cas échéant, par les parties, sans que le nombre puisse être supérieur à cinq.

Les réponses doivent lui parvenir dans le délai de trois jours qui peut, toutefois, être augmenté pour les causes ci-dessus mentionnées.

Il y a tout lieu d'espérer que cette invitation faite par le juge de paix aura pour résultat de rendre, en cas de grève, les arbitrages plus prompts et plus fréquents. Ouvriers comme patrons ne peuvent avoir, en effet, aucun intérêt à paraître se refuser à toute discussion, et l'on a pu justement faire observer que l'opinion publique exercerait sur ceux qui seraient disposés à se soustraire à tout débat contradictoire, une pression très efficace. Il reste bien expliqué, toutefois, que les patrons comme les ouvriers demeurent absolument libres d'accepter ou de refuser l'invitation qui leur est adressée. S'ils acceptent, il est procédé ˙conformément à ce que nous avons dit, d'abord à la tentative de conciliation; ensuite, et s'il y a lieu, à la désignation des arbitres.

VI

La loi a assuré l'authenticité et la conservation des résolutions prises par les .comités de conciliation et des sentences arbitrales, en ordonnant le dépôt des minutes au greffe de la justice de paix. Elle fait davantage : l'article 12 ordonne que la demande de conciliation et d'arbitrage, l'absence de réponse ou le refus de la partie adverse, la décision du comité de conciliation ou celle des arbitres seront notifiés au maire de chacune des communes où s'étendait le différend; chacun des maires doit les rendre publics par affichage à la place réservée aux publications officielles. L'affichage peut en outre se faire par les soins des parties intéressées. Les affiches sont dispensées du timbre. A défaut d'une obligation civile ou d'une répression pénale dont la réflexion, d'accord avec l'expérience, démontre l'impossibilité, le législateur a cherché la sanction dans un appel à l'opinion publique qui exerce sur le sort de ces conflits une influence si puissante. Elle se montrerait justement sévère pour une grève sans motif ou pour une résistance injustifiée aux conseils d'apaisement et de pacification.

En terminant l'étude de cette loi si utile, le devoir nous commande de faire un pressant

appel aux patrons et surtout aux ouvriers
pour la mettre en pratique, le cas échéant.
Ils verront qu'elle peut les aider et servir la
cause de la concorde et de l'harmonie sociales.
Il dépend d'eux, en grande partie. d'assurer le
succès de cette loi dont les résultats seront un
bienfait, puisqu'ils tendent à prévenir ou à
terminer les grèves, fatales aux ouvriers aussi
bien qu'aux patrons, compromettantes pour la
prospérité de nos industries nationales et dont
la concurrence étrangère peut seule tirer profit.

Charleville. — Imp. du *Petit Ardennais*.